VUES

SUR

LA PAIRIE.

On trouve chez FIRMIN DIDOT FRÈRES, du même auteur, les *Questions sur le droit d'*HÉRÉDITÉ *spécialement considéré dans la royauté et dans la pairie; Aphorismes sur la constitution primitive du gouvernement représentatif*; et *Lettre sur l'hérédité à MM. les disciples de Saint-Simon.*

IMPRIMERIE DE FIRMIN DIDOT FRÈRES,
RUE JACOB, N° 24.

VUES

SUR

LA NOUVELLE ORGANISATION

DE LA PAIRIE,

EN HARMONIE AVEC LA CHARTE DE 1830;

Par le baron MASSIAS,

ANCIEN CHARGÉ D'AFFAIRES DE FRANCE PRÈS LA COUR DE BADE,
RÉSIDENT, CONSUL-GÉNÉRAL A DANTZIG.

Non violabile numen.
La Charte est une divinité inviolable.

Offendat autem in uno, factus est omnium reus.
Violer la Charte en un point est la détruire en son entier.

A PARIS,
CHEZ FIRMIN DIDOT FRÈRES, LIBRAIRES,
RUE JACOB, N° 24.
— CHEZ DENTU, LIBRAIRE,
AU PALAIS-ROYAL.

1831.

VUES

SUR

LA PAIRIE.

Un des plus honorables membres de l'opposition, d'un patriotisme à toute épreuve, du talent le plus distingué, M. Eusèbe Salverte a fait à la Chambre des Députés une proposition touchant la nouvelle constitution de la Pairie dont voici la teneur :

« Le *Sénat* est investi des fonctions et attri-
« butions qui ont appartenu à la *Chambre des*
« *Pairs*. Les dénominations de *Sénat* et *Sénateurs*
« seront substituées à celles de la *Chambre des*
« *Pairs* et de *Pairs* dans le texte des lois et de
« la constitution de l'État.

« Les membres du Sénat sont nommés à vie,
« sauf le cas de démission ou de mort civile
« encourue par forfaiture.

« Le Sénat est composé d'un nombre de mem-

« bres égal à la moitié du nombre des membres
« de la Chambre élective.

« Deux tiers de ces membres sont élus par « les mêmes électeurs que les membres de la « Chambre des Députés. Un tiers est à la nomi- « nation du Roi, qui peut laisser vaquer jusqu'à « un tiers des places qu'il a le droit de con- « férer. »

Avant d'entrer dans la discussion du fond de cette proposition, se présente la question, savoir par qui elle sera discutée et décidée. Sera-ce, comme pour tous les actes législatifs, par le concours des trois pouvoirs, par la Chambre seule des Députés qui (pour ce cas seulement) sera reconnue *constituante*, ou par la Chambre des Députés et par le Roi? Nous sommes encore ici dans un double cercle vicieux, car cette question préalable renferme deux autres questions préalables; la première: Qui rendra *constituante* la Chambre des Députés que les électeurs n'ont faite que législative, ou qui nous dira que les électeurs l'ont faite et ont pu la faire constituante? La seconde: Qui décidera si un, deux ou trois pouvoirs du gouvernement représentatif régleront la nouvelle institution de la Pairie? Voyons si la Charte de 1830, qui fait notre droit et est notre évangile, s'est expliquée à cet égard explicitement ou implicitement. Si elle a parlé, toutes difficultés sont levées, il ne reste qu'à obéir à ses prescriptions.

Voici d'abord la législation existante relative à la Pairie, telle que la reconnaît provisoirement la Charte de 1830, et que dans ses *dispositions particulières* elle s'est réservé de réformer.

« La nomination des Pairs de France appartient « au Roi. Leur nombre est illimité : il peut en « varier les dignités, les nommer à vie ou les « rendre héréditaires selon ses volontés (art. 23). »

Voici maintenant le texte des *dispositions particulières* en vertu desquelles, dans la session de 1831, doit être modifié l'art. 23.

« Pour prévenir les graves abus qui ont altéré « le principe de la Pairie, l'article 23 de la Charte « qui donne au Roi la faculté illimitée de nom- « mer des Pairs sera soumis à un nouvel examen « dans la session de 1831 (art. 68). »

Examinons ce dernier article avec la simplicité et la bonne foi qui ne cherchent qu'à connaître la vérité; n'y voyons et ne veuillons y voir que ce que le législateur y a mis et a voulu y mettre. Il y est dit : *Pour prévenir les graves abus qui ont altéré le principe de la Pairie.* Les ABUS sont nettement distingués du PRINCIPE. Les abus doivent être réformés, le principe doit être maintenu.

Quels sont ces abus? Relisons avec attention l'article 68, nous verrons que le législateur donne pour motif unique de la révision de l'art. 23 la faculté qui y est donnée au Roi de nommer des Pairs en nombre illimité. Cette manière de comprendre le texte résulte du sens littéral, et est en outre nécessitée par le paragraphe qui précède immédiatement, et qui *déclare nulles et non avenues les nominations et créations nouvelles de Pairs faites sous Charles X.* La révision de l'art. 23 était particulièrement commandée par la mémoire de l'indignation qu'avait causée la dernière fournée des Pairs-Villèle.

En détruisant l'*abus*, la Charte veut néanmoins conserver le *principe*; elle dit bien que ce principe a été *altéré*, mais elle ne dit pas qu'il a été vicié et tout-à-fait corrompu. Elle a donc entendu que la Pairie serait réformée mais non refondue et refaite à neuf, au point de lui ôter jusqu'à son nom de baptême.

N'est-ce pas la refondre et la refaire à neuf, ou plutôt l'abolir, que de changer du blanc au noir ce principe? Ce principe n'est et ne peut être que son indépendance du pouvoir royal et du pouvoir de la Chambre élective, indépendance qui ne peut exister avec une Pairie viagère, ainsi que nous pensons l'avoir invinciblement démontré (1), et sans laquelle elle n'a pas le moyen de modérer l'action des deux autres pouvoirs. Une Pairie héréditaire peut seule prendre à cœur et obtenir la pérennité des institutions sur lesquelles reposent les monarchies représentatives.

Il ne faut pas négliger de considérer que l'art. 23 sujet à révision, qui porte que le Roi fait des Pairs *héréditaires*, porte aussi qu'il fait des Pairs *à vie*. Or, si l'on détruit en entier l'art. 23 en abolissant la Pairie héréditaire, il faudra aussi abolir la Pairie à vie, et cela d'autant mieux qu'elle n'est point propre à remplir les fonctions auxquelles elle doit servir dans un gouvernement représentatif, et que sa conservation n'est réservée dans aucun autre endroit de la Charte, tandis que celle de la Pairie héréditaire l'est formellement dans plusieurs articles.

D'autres textes de la Charte vont nous donner en effet de nouveaux motifs de penser qu'elle

---

(1) Voyez *Questions sur le droit d'hérédité spécialement considéré dans la Royauté et dans la Pairie*, page 38 et suivantes, et *Aphorismes sur la constitution primitive des trois pouvoirs du gouvernement représentatif*, depuis l'aphorisme 33 jusqu'à l'aphorisme 65.—Tant qu'on n'aura point réfuté les raisons que nous donnons dans les endroits précités, il n'est permis ni logiquement ni consciencieusement de réclamer l'abolition de la Pairie héréditaire.

veut la conservation de l'hérédité dans la Pairie.

« Les princes du sang sont Pairs par *droit de* « *naissance.* » (Art. 26.) Voilà des Pairs héréditaires consacrés par la Charte, et dont la conservation ne peut être soumise à aucun nouvel examen.

« Les Pairs ont entrée dans la Chambre à « vingt-cinq ans, et voix délibérative à trente « seulement. » (Art. 24.) Cet article a incontestablement en vue les fils des Pairs qui, trop jeunes encore à la mort de leur père, doivent attendre l'âge de vingt-cinq ans pour siéger à la Chambre, et celui de trente pour avoir voix délibérative.

« La noblesse ancienne reprend ses titres. La « nouvelle conserve les siens. » (Art. 62.) La Charte de 1830 reconnaît donc positivement une noblesse héréditaire, puisque les anciens et les nouveaux titres établissent cette hérédité. Le simple bon sens, la justice ne disent-ils pas que, si un peuple de nobles sans conséquence et sans importance, puisqu'ils sont sans priviléges, sont maintenus dans l'hérédité, il n'a pu entrer dans l'esprit du législateur que la Pairie seule fût dégradée ?

« La Chambre des Pairs connaît des crimes « de haute trahison et des attentats contre la « sûreté de l'État. » (Art. 28.) Si vous ne conservez à la Pairie la dignité et l'indépendance qu'elle tire de l'hérédité, je ne vois pas pourquoi les cours royales ou la cour de cassation dont les membres sont inamovibles ne seront pas aussi aptes que des Pairs à vie à connaître des crimes de haute trahison et des attentats contre la sûreté de l'État. La Charte qui a conservé à la Pairie ses hautes fonctions spéciales de jury national, ne lui a sans doute point retiré son existence héréditaire spéciale.

La conservation de l'hérédité de la Pairie admise, il est évident que la question préalable que nous avons invoquée en commençant est résolue, et que les Pairs sont appelés à concourir avec les deux autres branches du pouvoir législatif à la réformation des abus qui ont altéré la Pairie, réformation à laquelle ils ont d'autant plus droit de coopérer qu'ils y sont plus particulièrement intéressés.

Mais comme il y a une foule de personnes dont on a prévenu l'esprit et qui se sont déclarées contre cette hérédité, raisonnons, pour leur plaire, dans leur sens, comme si elle était en litige, et voyons si la Charte permet à la Chambre des Pairs d'intervenir dans les débats qui auront lieu pour la nouvelle formation de celle-ci.

Relisons l'article 68. « L'article 23 de la Charte « sera soumis à un nouvel examen dans la session

« de 1831. » Qu'est-ce que c'est qu'une *session*, si ce n'est une session des Chambres? Dans l'absence d'une d'elles peut-il y avoir session? Les Pairs sont-ils exclus de celle où, en vertu de l'article 68, doit être réformée la Pairie? La Charte a si bien entendu le contraire que, dans les neuf *dispositions particulières* contenues dans ledit article concernant le *jury*, la *responsabilité des Ministres*, *la réélection des Députés*, etc., etc., il y en a sans aucun doute huit à la discussion desquelles la Pairie a droit de concourir, ainsi qu'elle l'a fait pour celles sur lesquelles on a déja délibéré. La disposition relative à la Pairie serait-elle seule exceptée? serait-elle exceptée sans que le législateur eût fait aucune mention de cette exception? Mais, dira-t-on, la Pairie ne peut-être appelée à prononcer dans sa propre cause; il est absurde de l'inviter à se suicider de sa propre main. La Pairie anglaise, dans le bill sur les élections, jugera dans sa propre cause; elle est présumée pouvoir prononcer en faveur du bien général contre ses intérêts. Pourquoi en jugerions-nous incapable la Pairie française?

Peut-on prononcer sur la Pairie autrement que par une loi? La Charte dit : « La Chambre « des Pairs est une portion essentielle de la puis- « sance législative. » (Art. 20.) La Pairie doit donc coopérer à la loi qui doit la réformer.

La Charte dit encore : « La session de l'une « (des Chambres) commence et finit en même « temps que celle de l'autre. » (Art. 21.) Il n'y a donc point possibilité de session pour une Chambre tant qu'il n'y a pas session pour l'autre.

La Charte dit enfin : « Toute loi doit être dis- « cutée et votée librement par la majorité de « chacune des deux Chambres (art. 16). » Les mots *toute loi*, *chacune des deux Chambres*, ne laissent place ni au doute, ni aux commentaires.

Il est temps d'examiner les diverses dispositions de la proposition de M. Eusèbe Salverte. Voici le premier article de la loi organique qu'il propose pour mettre son projet à exécution.

« La Chambre des Pairs a cessé d'exister, elle « est remplacée par le Sénat. » Voici maintenant l'article 20 de la Charte de 1830 : « La Chambre « des Pairs est une portion essentielle de la puis- « sance législative. » La loi de M. Eusèbe Salverte détruit la Chambre des Pairs, que la Charte regarde comme portion essentielle du pouvoir législatif. La violation de notre pacte fondamental ne peut être plus formelle. Il ne s'agit que d'un mot, dira-t-on, le mot *Sénat* substitué au mot *Pairie*. Mais les choses tiennent aux mots ; il est difficile de changer les uns sans changer les autres. Le Sénat s'accommode fort bien des républiques et des empires autocratiques, au lieu que la Pairie sympathise avec les monarchies pondérées. La France n'a pas oublié le Sénat de l'empire. Tout composé qu'il était de rares capacités et d'illustres personnages, il ne servait pourtant que de machine à sénatus-consultes, et lorsque Napoléon voulut le racheter de sa servilité, il se résigna à le rendre héréditaire.

Seconde proposition : « Les membres du Sé-« nat sont nommés à vie. » La Charte, dans les textes que nous avons cités, et la stabilité de nos institutions, veulent que la Pairie soit héréditaire.

Troisième proposition : « Le Sénat est com-« posé d'un nombre de membres égal à la moi-« tié du nombre des membres de la Chambre « élective. » Ce nombre nous semble trop restreint pour suffire aux exigences de la reconnaissance nationale ; mais ceci est un léger inconvénient auquel il est facile d'obvier ; il n'en est pas de même pour ce qui suit.

Quatrième proposition : « Deux tiers de ces « membres sont élus par les mêmes électeurs « que les membres de la Chambre des Députés. « Un tiers est à la nomination du Roi, qui peut « laisser vaquer jusqu'à un tiers des places qu'il « a le droit de conférer. » Cet article nous semble renfermer six inconvénients majeurs. 1° Il donne deux principes à une Chambre qui doit avoir unité d'esprit et d'action. 2° Il sépare la Nation du Roi. 3° Il donne, aux dépens de la prérogative royale, un excès d'influence à la Chambre élective. 4° Il force les colléges électoraux à se rassembler chaque année pour le remplacement des dix Pairs qui mourront, d'après le calcul des probabilités tel que le donnent les tables de mortalité. 5° Il trouble la France, en tenant en émoi et aux aguets toutes les médiocrités ambitieuses, convoitant une des quinze dignités les plus élevées de l'État, conférées annuellement par les électeurs et par le Roi. 6° Il met les Pairs viagers à la merci des électeurs et du Roi, lesquels, par la promesse de leur donner leurs fils ou leurs parents pour successeurs, disposeront de leurs votes.

Outre les inconvénients que nous venons de parcourir, on ne pourra, de quelque manière qu'on s'y prenne pour combiner la formation la plus avantageuse d'une Pairie à vie, la préserver de deux vices mortels : l'un, sa rénovation intégrale tous les vingt ans, ce qui l'empêchera d'avoir jamais la consistance que réclame cette importante institution; l'autre, le peu d'intérêt, qu'en vertu de sa constitution éphémère, elle prendra à la perpétuité de la monarchie et du gouvernement représentatif.

Il est naturel qu'avant de démolir sa maison on s'inquiète de savoir où l'on ira dormir jusqu'à ce qu'elle soit reconstruite; ainsi, avant de détruire la Pairie héréditaire, un autre honorable député, M. Dubois Aymé de l'Isère, a fait son projet pour la formation de la Pairie à vie. Il a adopté pour mode de sa création celui que nous avons signalé dans notre aphorisme 39e, et qui consiste à prendre les Pairs parmi les hommes les plus distingués dans les divers emplois et les diverses administrations. Nous croyons avoir démontré qu'une Pairie ainsi formée n'offre aucune consistance pour elle-même, ni aucune garantie pour la stabilité de nos institutions. Nous laissons aux lecteurs à juger si les raisons que nous avons données à l'appui de nos opinions sont valables.

Tandis que M. Eusèbe Salverte veut que le nombre des députés soit limité, M. Dubois Aymé croit nécessaire que ce nombre soit illimité; chacun d'eux a de très-bonnes raisons à fournir à l'appui de son opinion. Qu'on juge d'après cela si le nombre des Pairs faisant une question sérieuse pour les honorables concurrents, celle de l'*hérédité de la Pairie* qui renferme tant d'autres questions, a dû être jugée par improvisation, enthousiasme et acclamation.

Qu'on ne s'y trompe pas, la thèse que nous

agitons est fondamentale, de vie et de mort pour notre ordre social. « La Charte avec l'hérédité « de la Pairie n'est pas du tout la même consti- « tution que la Charte sans l'hérédité. » (*National* du 10 août.) Vous le voyez, ôter l'hérédité à la Pairie est changer la constitution de l'État. Jamais conclusion ne fut plus rigoureuse. On admettra le principe, dira-t-on, sans en adopter les conséquences. Dérision! Les conséquences viendront malgré vous. Un principe a toujours son effet. Tenons-nous-en à ces paroles sacramentelles du général Foy : LA CHARTE, TOUTE LA CHARTE, RIEN QUE LA CHARTE. Il parlait de la Charte de 1814. Ce n'est pas ce sage et grand citoyen qui eût voulu plus que la Charte de 1830.

Nous pensons que les vues suivantes, que notre qualité de Français et notre amour pour la patrie et pour la vérité nous font un droit et un devoir de présenter, sont plus en harmonie avec la Charte de 1830, plus conformes à la nature de la Pairie, et plus propres à entrer dans le système du gouvernement représentatif.

Articles organiques.

1° Le droit de violer la Charte et d'en rayer plusieurs articles, notamment les 24e et 26e, n'appartenant ni au Roi, ni à la Chambre des Pairs, ni à la Chambre des Députés, LA PAIRIE RESTE HÉRÉDITAIRE. Cela d'autant mieux, que l'hérédité peut seule la mettre à même de remplir les fonctions auxquelles elle est destinée dans le gouvernement représentatif.

2° Les substitutions n'en sont pas moins abolies dans toute la France sans exception. Les Pairs auront à se créer un majorat de dix mille francs de rente, en papier immobilisé sur l'État.

3° Les Pairs sont nommés par le Roi. Ils le sont ou directement, ou indirectement sur une liste présentée par la Chambre des Députés, suivant qu'il sera statué par une loi.

4° La Chambre des Pairs est composée de quatre cents membres, nombre qui ne pourra jamais être dépassé.

5° Son état habituel effectif sera de trois cent cinquante membres, nombre qui ne pourra jamais être inférieur.

6° Cinquante places pourront être vacantes, que le Roi remplira lorsqu'il le jugera convenable (1).

---

(1) Au moyen de ces dispositions, le Roi garde sa juste influence sur la Chambre des Pairs sans que le gouvernement puisse renouveler le scandale de ces fournées qui ont altéré le principe de la Pairie.

7° Les Pairs seront pris dans chaque département proportionnellement à leur population.

8° L'acte de nomination de chaque Pair portera l'indication expresse et détaillée des services signalés qui lui auront mérité cette haute faveur.

9° Lorsque la Chambre des Pairs sera constituée en jury national, elle ne pourra ni changer la loi, ni arbitrer la peine; elle sera tenue de se conformer en tout à la législation existante.

Je suis heureux de pouvoir m'étayer de la pensée royale et de celle de la Chambre des Députés. En réponse à l'adresse de MM. les Pairs, le Roi a dit :

« Je regarde comme un des principaux moyens « d'y parvenir (à consolider de plus en plus l'or- « dre politique établi par la révolution de juil- « let), que la Chambre des Pairs soit toujours « entourée de cette confiance publique sans la- « quelle elle ne saurait exercer les hautes fonc- « tions politiques qui lui sont attribuées par la « Charte, avec cette *indépendance* et cette *effi-* « *cacité* qui sont nécessaires à la conservation « de nos libertés nationales et au maintien de « l'équilibre des pouvoirs constitutionnels. » Le Roi veut qu'il y ait *indépendance* et *efficacité* dans l'action de la Chambre des Pairs. Qu'on cherche, hors de l'hérédité, un moyen de la rendre indépendante et forte assez pour modérer l'action des deux autres pouvoirs, et je crois qu'il sera impossible de le trouver.

Dans sa séance du 12 août, la Chambre des Députés a adopté un paragraphe de l'adresse relatif à la Pairie conçu en ces termes : « Nous « remplirons fidèlement *le devoir que nous im-* « *pose la Charte* dans l'examen d'une grave ques- « tion constitutionnelle dont la solution défi- « nitive, en assurant l'harmonie des grands « pouvoirs de l'État, achèvera de donner à votre « gouvernement la stabilité qui appelle et main- « tient la confiance. » Ce serait un singulier moyen de *remplir fidèlement le devoir imposé par la Charte* que d'annuler l'hérédité que la Charte établit dans ses articles 24, 26 et 62. L'opposition a bien pu se flatter d'obtenir subrepticement un tel résultat en sollicitant des engagements préalables, mais il n'est point d'engagement qui prescrive contre la conscience, la raison et l'utilité publique. La sagesse de la Chambre, dans sa séance du même jour, a décidé la question en adoptant à l'unanimité l'important amendement de M. de Mosbourg qui, aux mots du premier paragraphe de l'adresse : *Les Députés des départements*, substitue ceux-ci : *Les Députés de la France.* Par là cessent tous les engagements locaux et conditionnels. MM. les Députés ont à voter, non comme mandataires de leurs arrondissements, mais comme DÉPUTÉS DE LA FRANCE.

Osons sortir du cercle étroit de nos préjugés, de nos jalousies et de nos passions, élevons-nous à des considérations d'un ordre social vaste et généreux. Les SUPÉRIORITÉS POLITIQUES, loin d'y humilier ceux qui les avoisinent, les rehaussent par l'espoir de pouvoir un jour y parvenir. Ce n'est pas le grand qui s'y est fait grand, c'est la loi, c'est nous qui l'avons fait tel; ce n'est pas pour lui qu'il a été fait ce qu'il est, c'est pour l'utilité de tous. L'hérédité des Pairs choisis dans chaque département et dans toutes les classes des citoyens, est le signal le plus éclatant de l'ÉGALITÉ POLITIQUE ET CIVILE de la France. L'hérédité vous révolte! Êtes-vous donc honteux de vous-mêmes pour avoir peur de revivre dans vos enfants? Nous sommes les héritiers de tous nos ancêtres et des siècles qui nous ont précédés. La force des choses a voulu que les sociétés eussent le besoin de lier leur passé et leur présent à leur avenir, et que les générations qui s'éteignent transmissent l'*héritage* de leurs acquisitions aux générations qui leur succèdent. L'hérédité est la loi qui fait que l'univers, sans cesser d'être un, est sans cesse renouvelé, et que le genre humain de tous les temps ne fait qu'une seule famille et un seul individu. C'est cette loi qui donne au cœur humain la plus touchante et la plus désintéressée de ses affections, et qui clot doucement la paupière des mourants heureux de laisser leurs noms, leurs biens et leur tendresse à leurs enfants.

Une Chambre de Pairs non héréditaires, ne s'intéresse que par devoir et par une sorte de générosité à la perpétuité des institutions. Une Chambre de Pairs héréditaires, non moins accessible que l'autre aux sentiments de devoir et de générosité, s'intéresse aussi par égoïsme à la perpétuité des institutions. La morale bâtit sur le devoir; la politique sur les intérêts. Ne bâtissons pas sur de petites idées et de petites passions.

LE BARON MASSIAS.

Paris, 15 août 1831.

Post-Scriptum. Ceci est notre dernier mot sur l'*hérédité*, à moins qu'on ne nous fasse quelques graves objections qui soient susceptibles d'être réfutées.

FIN.

www.ingramcontent.com/pod-product-compliance
Ingram Content Group UK Ltd.
Pitfield, Milton Keynes, MK11 3LW, UK
UKHW032038260826
14628UKWH00007B/3044

9 782011 754486